VIRGINIE DÉJAZET

VIRGINIE

DÉJAZET

ÉTUDE BIOGRAPHIQUE

PAR

HENRY LECOMTE

PARIS

ACHILLE FAURE, LIBRAIRE-ÉDITEUR

23, BOULEVARD SAINT-MARTIN.

1866

A

BENJAMIN ANTIER

L'AUTEUR

reconnaissant et dévoué

Janvier 1866.

VIRGINIE DÉJAZET.

I.

Lorsque l'affiche annonce la rentrée, après quelques mois d'absence, de Mlle Déjazet, une foule immense assiége son théâtre, bien avant l'ouverture des bureaux.

Les yeux sont amoureusement fixés sur le nom resplendissant de la grande comédienne; on craint qu'une indisposition subite ne prive le public du spectacle annoncé, mais on sourit bientôt de cette appréhension : Déjazet, l'adorable lutin, n'est-elle pas à l'abri des mille et une misères dont les simples mortels sont accablés?

On entre. Au delà de la rampe faiblement éclairée, un rideau coquet retrace les créations principales de la fée de la maison. Tout un monde de souvenirs se dresse alors devant le spectateur; on raconte la glorieuse vie de l'artiste; et ceux qui sont assez malheureux pour ne la point connaître encore, prêtent une oreille avide à ce récit fait à voix basse, comme dans un temple.

Bien que l'impatience soit extrême, il se fait un silence religieux. On attend Déjazet, c'est-à-dire Richelieu, Gentil-Bernard, Louis XV, Voltaire, Rousseau, Bonaparte, Garat, Figaro, Conti : Déjazet, le sourire fait femme, l'esprit pétillant, le charme irrésistible, la divine gaîté !

On se rappelle les poses, les gestes, les intonations de son dernier rôle, et l'on redoute de la voir changée, car, au degré de perfection où elle est parvenue, changer serait déchoir.

L'orchestre prélude... je ne sache pas, dans la salle, un cœur qui ne batte à se rompre. La toile enfin se lève, et Déjazet paraît, saluée d'applaudissements enthousiastes ; elle est vêtue d'une façon charmante, elle va et vient allègrement, sautillant comme un colibri, gazouillant comme une fauvette : elle a toujours vingt ans !

Et cette verve spirituelle est intarissable, cette jeunesse prodigieuse est éternelle : la charmeuse a séduit jusqu'au vieux Saturne, et le terrible dieu, en échange d'un sourire, a juré de lui épargner les rides cruelles, les désenchantements,

les douleurs et les regrets inutiles de la vieillesse.
Elle sera donc toujours ce qu'elle est depuis si
longtemps : gaie, bonne, alerte, entraînante,
originale, inimitable !

Pauline-Virginie Déjazet est née à Paris, rue
Saint-Lazare, le 30 août 1797. Thérèse, sa sœur
aînée, était danseuse à l'Opéra ; elle pensa naturellement à faire suivre la même carrière à la petite
Virginie : l'enfant reçut donc des leçons de Gardel,
l'excellent chorégraphe.

Virginie avait cinq ans lorsqu'elle débuta,
comme *première danseuse*, sur un petit théâtre
élevé, en 1802, dans ce magnifique jardin de l'ancien couvent des Capucines, qui disparut lors du
percement de la rue de la Paix. La danseuse eut
un grand succès ; on l'accabla de dragées, d'o-
ranges et de gâteaux qu'elle alla grignoter dans
le jardin où elle put voir souvent, au milieu des
ex-roués du Directoire, le célèbre chanteur Garat,
qu'elle devait un jour représenter.

Virginie se faisait déjà remarquer par la viva-
cité de son esprit et l'indépendance de son caractère. Le lendemain de son début elle refusa de
danser, et persista, trois jours durant, dans sa
résolution. Rien n'y fit, ni le pain sec, ni le fouet,
ni la privation de jouets et de friandises ; il fallut
pour que l'enfant reprît son rôle, qu'on plaçât à
l'orchestre, debout et l'arme au bras, un gre-

nadier gigantesque dont Virginie avait une peur effroyable, et que, dans son langage naïf, elle ap-appelait *le Corps de garde*.

Virginie quitta, au bout d'un an, le théâtre des Capucines pour celui des Jeunes-Artistes qui était situé à l'angle des rues de Bondy et de Lancry. Le premier rôle qu'elle y créa fut celui de l'Amour dans une féerie intitulée : *les Sirènes* ou *les Sauvages de la Montagne d'or*, par le citoyen Hapdé. L'auteur ne pouvait désirer un interprète plus gracieux et plus ressemblant. Les dames du carré Saint-Martin raffolèrent bientot de l'adorable enfant, et lui firent oublier les bonbons des Capucines.

Pendant les représentations des *Sirènes*, un accident terrible faillit entraver la carrière dramatique de Virginie.

Il y avait dans cette pièce un tableau représentant l'enfer où des diablotins couraient çà et là avec des torches enflammées. Virginie, de la coulisse, avait trouvé ce va-et-vient lumineux d'un merveilleux effet, et comme, au dénoûment, l'Amour descendait du ciel, un flambeau à la main, pour sauver Colombine persécutée, elle se promit de faire comme les démons. En enlevant Colombine, elle agita donc violemment son flambeau au-dessus de sa tête ; mais la mèche, mal assujétie, tomba tout enflammée sur le visage de l'enfant, et l'esprit-de-vin se répandit sur son cou, ses bras et sa poitrine. Quoique très-cruellement brûlée, Virginie ne poussa pas un cri, ne versa pas une larme et trouva dans son énergique volonté la force nécessaire pour jouer encore trois actes interminables. Le rideau baissé, on l'emporta, privée de sentiment.

Quelques mois après, Virginie fut engagée, pour tenir l'emploi des jeunes premières, au théâtre des Jeunes-Elèves.

Cette salle, bâtie vers la fin de l'an IX de la République, par un menuisier en bâtiment nommé Metzinger, était située rue de Thionville (maintenant rue Dauphine), sur l'emplacement qu'occupe aujourd'hui la grande maison qui fait face à la rue du Pont-de-Lodi. Un comédien nommé Belfort dirigeait ce petit théâtre, où l'on jouait tous les genres et où l'on représentait souvent des ouvrages inédits.

Le Vaudeville de la rue de Chartres venait d'obtenir un succès fabuleux avec un drame historique de MM. Bouilly et Joseph Pain, intitulé *Fanchon la Vielleuse*. L'héroïne de cette pièce vivait à la fin du siècle dernier, et fit fortune, dit-on, en vendant des cahiers de chansons à deux sous. Il est vrai que la jolie Savoyarde n'était pas cruelle et qu'elle suivait hardiment au Cadran-Bleu les mousquetaires et les abbés qui lui permettaient de tremper un biscuit dans le madère ou le malvoisie.

Malgré les critiques acharnées du trop célèbre Geoffroy, le drame poursuivait une carrière fructueuse, lorsque M. Belfort fit écrire par M. Ponnet une pièce en un acte : *Fanchon toute seule*, et confia le principal rôle à Virginie qui y obtint un succès prodigieux. Le nom de la petite vieilleuse devint promptement populaire. Mme Belmont, la *Fanchon* du Vaudeville, profita d'un jour de relâche pour aller voir Virginie. L'enfant, prévenue de la visite de l'actrice, redoubla d'efforts ; Mme Belmont la trouva délicieuse, et conseilla à son directeur Barré, qui l'avait accompagnée, d'engager sa charmante rivale.

— Mais il faudrait écrire une pièce tout exprès pour elle ! objecta Barré.

— Bah ! bah ! répondit Mme Belmont, les pièces ne vous manqueront pas.

Barré fit donc appeler Virginie dans son cabinet, et l'engagea pour jouer les rôles d'enfants. Cela blessa, dit-on, l'amour-propre de Virginie, habituée à jouer les grandes princesses et les amoureuses ; elle en prit cependant son parti, et cela d'autant plus facilement qu'un décret impérial, qui supprimait plusieurs petits théâtres, venait de frapper celui des Jeunes-Elèves, et que, sans Barré, elle eût été condamnée, pour un temps indéterminé, à l'inaction et au silence.

Bouilly, l'auteur des *Contes à ma fille*, venait de faire recevoir au Vaudeville une féerie en deux actes, écrite en collaboration avec Dumersan : *la Belle au bois dormant*. Virginie fut chargée de créer le rôle de la fée Nabotte.

La première représentation eut lieu le 20 février 1811, avec un succès étonnant. Tout Paris voulut applaudir l'enfant qui venait de se révéler comédienne. Le rôle de la fée Nabotte exigeait, en effet, beaucoup d'étude, de composition et d'expérience. Virginie avait franchement renoncé aux grâces séduisantes de son âge, pour s'affubler de cheveux blancs, de lunettes immenses, de tout l'accoutrement grotesque d'une petite vieille laide, bourgeonnée, marchant à l'aide d'une béquille, et méchante au possible. Ajoutons, d'après les assertions de témoins oculaires, qu'elle chantait déjà le couplet avec l'esprit subtil, la finesse exquise qu'elle possède encore au plus haut degré.

II.

Le triomphe de la fée Nabotte ne fut pas d'un
grand secours à Virginie. On la négligea ; elle
fut reléguée au troisième plan, et réduite, comme
auparavant, à jouer des rôles d'enfants et à doubler les actrices en renom, mesdames Minette,
Desmares et Rivière.

En 1815, le vieux Barré, qui aspirait au repos,
donna sa démission et fut remplacé par Désaugiers qu'il avait lui-même désigné comme son
successeur à Louis XVIII. Le premier acte admi-
nistratif de l'illustre chansonnier fut de renouveler les engagements de Minette et de Virginie,
et d'appeler à lui une pléiade de jeunes auteurs
parmi lesquels on remarquait Scribe, Mélesville,
Bayard, Delestre-Poirson, Carmouche, Vanderburch et Saintine.

Malheureusement, les nouveaux écrivains tra-
vaillèrent uniquement pour Minette et ne s'occu-
pèrent en aucune façon de Virginie, qui subit
cette injustice sans se plaindre, attendant patiem-

ment qu'une occasion favorable lui permît de déployer les richesses de son naturel original et créateur.

Une circonstance imprévue mit un terme au supplice de la jeune comédienne.

En 1816, Désaugiers fit restaurer la salle du Vaudeville et donna dix jours de congé aux artistes. Pour utiliser ces loisirs forcés, Gontier, l'excellent grognard, proposa à ses camarades d'aller faire une tournée en province; tout le monde y consentit avec joie; Minette seule, qui se souciait peu des couronnes provinciales, refusa de se joindre à la troupe nomade. La société se trouvait dans un grand embarras, lorsque Gontier, qui avait jugé le talent naissant de Virginie, songea à elle pour remplacer Minette. Le changement fut accepté, et la troupe, après avoir fait les avances nécessaires pour acheter une garde-robe complète à Virginie, alors très-modestement vêtue, partit gaîment pour Orléans.

Ce ne fut pas sans une certaine satisfaction que Virginie prit congé de sa mère et de sa sœur Thérèse, qu'elle quittait cependant pour la première fois, et qu'elle aimait tendrement. L'indépendance n'est-elle pas le premier besoin de la vie artistique! La liberté a tant de charmes alors qu'on a vingt ans, que l'esprit rêve et que le cœur aspire à l'inconnu séduisant!

La voilà donc maîtresse d'elle-même et bien fière de cette émancipation qui la grandit à ses propres yeux. Elle ne passera pas les nuits à de petits soupers, elle n'ira pas au bal, elle ne s'oubliera pas en rêveries sentimentales et dangereuses sur les bords de la Loire : elle veut prouver qu'on a tort de la considérer toujours comme une enfant, et qu'elle est digne de cette liberté tant désirée !

Seulement, par un sentiment de coquetterie bien excusable, Virginie quitta, pour toujours, les affreux bas noirs que Thérèse la forçait de porter et qu'elle avait en horreur.

Les artistes du Vaudeville jouèrent à Orléans le *Mariage de Scarron* et le *Nouveau Pourceaugnac*. Virginie se fit remarquer dans les rôles de Mlle d'Aubigné et de Tiennette par son esprit, sa verve et son comique de bon aloi. Les chaleureux bravos des Orléanais enivrèrent la jeune artiste ; quand elle revint à Paris, l'infime emploi qu'elle occupait au Vaudeville, et qu'elle remplissait consciencieusement avant son départ, ne lui parut plus tenable.

Comme elle était fille de sens, Virginie comprit que la lutte n'était pas possible entre elle et Minette, artiste d'un talent incontestable, et qui était en possession, bien avant elle, de la faveur du public. Elle consulta Gontier qui lui conseilla de quitter le Vaudeville et Paris, et de courir la province jusqu'à ce qu'elle trouvât l'occasion de rentrer brillamment dans la capitale.

Virginie ne suivit que la moitié du conseil. Elle ne put se décider à quitter Paris, sa véritable patrie, mais elle déserta le Vaudeville et vint frapper à la porte des Variétés que dirigeait Brunet.

Elle débuta au boulevard Montmartre par le rôle de Suzette dans *Quinze ans d'absence*, comédie de Merle et Brazier; puis elle joua Félix dans les *Petits Braconniers* ou les *Ecoliers en vacances*. Pauline, qui avait créé ce dernier rôle, fut jalouse du succès que Virginie y obtint. Or, si Brunet dirigeait les Variétés, Pauline dirigeait Brunet, et celui-ci, pour ne pas irriter sa sultane, ne fit plus jouer Virginie.

Après avoir inutilement attendu pendant six mois, et désespérant de changer les dispositions hostiles de l'administration à son égard, Virginie rompit son engagement et partit pour Lyon où Séveste lui offrait 1800 francs d'appointements pour remplacer Mme Vicherat, forcée de partir pour les Iles, où son mari venait de mourir subitement.

On était au printemps de 1817. En ce temps-là, les diligences mettaient sept jours pour faire le trajet de la première à la seconde ville principale du royaume. Virginie avait pour mentor un perroquet superbe, et pour compagnons de route un Anglais et un Allemand qui se montraient fort empressés auprès de leur charmante voisine.

Les deux étrangers ignoraient le nom de la jeune voyageuse, et ce qu'elle allait faire à Lyon; l'actrice, pour mettre sa position à couvert, s'était bien gardée de leur faire ses confidences; mais à l'une des nombreuses haltes, elle sortit de l'auberge, laissant imprudemment le perroquet en tête à tête avec ces aimables messieurs, et l'indiscret volatile, en l'absence de sa maîtresse, se mit à crier et à répéter sur tous les tons :

— Virrrrginie, Virrrrginie, sais-tu ton rôle? Virrrrginie, Brrrrunet n'est qu'un polisson! Virrrrginie, au théâtrrrre! au théâtrrrre!

Quand Virginie rentra, l'animal se tut; mais l'Anglais s'écria :

— Mademoiselle Virginie sait-elle son rôle?

Et l'Allemand ajouta :

— Mademoiselle Virginie, Brunet n'est qu'un polisson!

Il était impossible à l'actrice de garder l'incognito. La révélation du perroquet ne lui attira du reste qu'un redoublement de prévenances de la part de ses compagnons de route qui la contemplaient avec une respectueuse admiration.

Arrivée à Lyon sans encombre, Virginie débuta par le rôle de Laure dans *les deux Pères* ou *la Leçon de Botanique*, de Dupaty. Dans cette pièce, comme dans *Angéline* qu'elle joua ensuite, elle enleva tous les suffrages ; mais elle se trouva bientôt en butte à d'indignes manœuvres.

Au théâtre de Lyon, comme aux Variétés, comme partout, une jolie femme imposait ses volontés à la direction. La *Pauline* lyonnaise s'appelait Hugens ; elle dirigeait Solomé, régisseur général plus puissant que le directeur.

Mlle Hugens mit tout en œuvre pour entraver les représentations de Virginie, ou tout au moins pour faire reléguer la Parisienne au second plan.

Elle eût atteint son but si le public, qui s'intéressait médiocrement aux intrigues de la favorite, n'eût fait une émeute et réclamé, en plein théâtre, le respect des droits de l'opprimée.

Grâce à cette intervention providentielle, Virginie poursuivit le cours de ses succès. S'appliquant à devenir plus digne encore de la sympathie du public, elle continua à travailler très-sérieusement, employant le peu de temps que lui laissait l'étude de ses rôles, à lire et à relire les œuvres de nos immortels poëtes : Molière, Beaumarchais et Béranger.

Malheureusement les grands yeux de l'actrice ne tardèrent pas à incendier les cœurs des bons Lyonnais. La plupart des amoureux de Virginie se contentèrent de soupirer et de souffrir en silence; mais quelques autres, parmi lesquels un M. Perrin, riche marchand de sel et abonné du théâtre, fatiguèrent la jeune artiste de poursuites incessantes.

Un jour que Virginie se promenait sur la place Bellecourt, M. Perrin l'aborda, un pistolet à la main, la menaçant de la tuer si elle refusait encore de l'entendre. Virginie, très-effrayée, se décida à quitter Lyon pour échapper à ce dangereux original : elle signa, le soir même, un engagement d'un an pour Bordeaux.

III.

Au mois d'avril 1820, Virginie se rendit à Bordeaux, où l'on conservait précieusement le souvenir de sa sœur Hippolyte-Pauline, actrice et chanteuse de talent, morte à l'âge de vingt-neuf ans d'une maladie de poitrine. Virginie, très-superstitieuse, et encore peu familiarisée avec les émotions d'un début, pensa que le nom de Déjazet, que sa sœur n'avait pas abandonné sur la scène, nom d'ailleurs connu et aimé des Bordelais, serait pour elle une protection efficace ; elle résolut donc de prendre désormais au théâtre son nom de famille.

Virginie Déjazet réussit très-franchement à Bordeaux, où elle passa en revue les rôles créés à Paris par Minette ; mais il était écrit qu'elle rencontrerait partout des intrigantes ou des favorites pour lui barrer la route.

Il y avait alors à Bordeaux une actrice sans grand talent, mais fort jolie, qu'on nommait Elisa

Jacops (1). Comme elle était peu cruelle et qu'elle récompensait largement le zèle de ses partisans, elle comptait un grand nombre d'amis dans la capitale de la Guyenne. Les succès de Déjazet portèrent ombrage à Elisa ; la lutte s'engagea bientôt entre la comédienne et l'actrice galante, lutte acharnée dont l'issue était encore douteuse au bout de neuf mois, lorsque la direction théâtrale fit faillite.

Ce désastre n'atteignit pas Déjazet. M. Delestre-Poirson, qui venait d'obtenir le privilége du Gymnase, et qui voyageait pour compléter sa troupe, l'avait engagée quelque temps auparavant.

Le théâtre du Gymnase, construit sur l'emplacement du cimetière Bonne-Nouvelle, fut ouvert au public le 23 décembre 1820. M. Poirson était doué de grandes qualités administratives ; il sut attirer à lui M. Scribe, avec lequel il avait collaboré pour le Vaudeville, et se former une excellente troupe d'artistes, parmi lesquels on distinguait Perlet, Gontier, Bernard-Léon, Perrin, et Dormeuil.

Lorsque Virginie Déjazet arriva à Paris, après la fermeture du théâtre bordelais, les représentations s'effectuaient depuis un mois à peine. Elle

---

(1) On l'a vue, en 1828, à Paris, au théâtre de la Porte-Saint-Martin.

hoisit, pour son début, le rôle de Marianne dans
Caroline, charmante comédie de Scribe et Ménis-
ier, passée du répertoire du Vaudeville à celui
lu Gymnase le 30 décembre 1820.

Accueillie très-favorablement par le public du
boulevard, Déjazet attendait impatiemment sa
première création, lorsque Léontine Fay arriva de
province, chargée de bonbons et de couronnes.
Scribe et Mélesville écrivirent alors *la Petite
Sœur*, et donnèrent à Déjazet le rôle du lycéen
Léon, qu'elle créa le 6 juin 1821, avec un grand
succès.

Avec quelle grâce charmante elle portait l'habit,
le pantalon bleu, le petit gilet à boutons blancs,
et le chapeau militaire crânement incliné sur
l'oreille, et la cocarde blanche, et les fleurs de
lys! La jeune duchesse de Berry voulut compli-
menter Virginie qu'elle trouvait ravissante, et
certes tout le monde partageait l'opinion de
Madame.

Nous trouvons, dans un journal de l'époque,
une judicieuse appréciation du talent de Déjazet
et de Léontine. Nous reproduisons cet article
parce que les prédictions qu'il contient se sont
entièrement réalisées :

« Nous venons de voir au théâtre du boulevard
Bonne-Nouvelle deux petites merveilles : l'une a
nom Léontine Fay, l'autre Virginie Déjazet. La

première nous est arrivée escortée des éloges de
toute la presse provinciale ; la seconde est cette
même espiègle qui jouait *Fanchon toute seule* au
théâtre des Jeunes-Elèves, de la rue de Thionville. La petite Léontine est blonde comme la
Vénus des Grecs ; elle a toute la grâce timide de
la femme ; Virginie est une brune piquante ; le
costume de garçon lui sied à merveille ; on di-
rait, à la voir à l'aise dans son frac et dans son
gilet, qu'elle n'a jamais porté ni robes ni jupons.
C'est un lutin, c'est un démon qui damnera bien
des âmes, si le ciel n'intervient pas pour éloigner
les dangers de la tentation.

« Léontine Fay réussira un jour dans la comédie sentimentale ; la petite Virginie sera la muse
du vaudeville. Heureux les auteurs qui l'auront
pour interprète ! Toutes les pièces où jouera Déjazet réussiront. »

Le critique était bon prophète : Léontine Fay,
devenue Mme Volnys, fit répandre de douces larmes en jouant les petits drames de Scribe ; Virginie Déjazet fut la Providence des vaudevillistes,
heureux d'abriter leurs œuvres fragiles du nom
tant aimé de la spirituelle et vaillante actrice.

Quant au ciel invoqué par le journaliste, il
n'eut garde d'intervenir, et laissa les bonnes
âmes se damner de la façon la plus agréable que
l'on puisse voir...

IV.

Le 23 juin 1821, Déjazet créa le rôle de Madeleine dans *le Comédien d'Etampes*, de MM. Moreau et Sewrin. Elle s'y fit remarquer par sa franche gaîté, son tact exquis et son adorable finesse. Le 28 du même mois, elle joua Octave de Balainville dans *le Mariage enfantin*, de Scribe et Delavigne. Virginie courtisait et épousait Léontine chargée du rôle de la petite Cécile de Mireval. La pièce eut cent représentations consécutives, grâce à ses deux mignonnes interprètes.

Les auteurs dramatiques, stimulés par cet étonnant succès, écrivirent nombre de vaudevilles, dans lesquels nos jeunes actrices rivalisèrent de verve et de grâce naïve.

Le 24 mai 1822 Déjazet créa le rôle d'Adeline de Préval, dans *la Meunière*, de Scribe et Mélesville; le 28 septembre, Tiennette, dans *le Nouveau Pourceaugnac*, de Scribe et Poirson; le 14 janvier 1823, Jacob, dans *la Loge du portier*; le 16 juin, Madeleine, dans *Partie et revanche*; le

2

18 août, Mimi, dans *les Grisettes*; le 19 septembre, Joséphine, dans *le Bureau de loterie*, de Ma-
zères et Romieu; le 20 septembre, Louise, dans
Rodolphe; le 13 mars 1824, *les Femmes romanti-
ques*...

La duchesse de Berry suivait assidûment les
représentations du Gymnase et donnait souvent
le signal des applaudissements. Or, on avait es-
sayé plusieurs fois d'entraver le répertoire du
petit théâtre, et le danger serait devenu sérieux,
si le directeur n'eût été, en même temps qu'un
administrateur habile, un très-fin courtisan:
« On a vu des rois épouser des bergères, se
dit un jour M. Poirson, pourquoi ne verrait-on
pas une princesse épouser un théâtre? » Il se mit
donc à l'œuvre, accabla la duchesse de Berry de
compliments et de prévenances, et poussa même
la galanterie jusqu'à dédoubler une partie de sa
troupe pour l'envoyer à Dieppe où Madame pas-
sait, chaque année, la saison des eaux. La duchesse, grande amie des artistes, fut touchée de
cette marque d'attention; elle se déclara haute-
ment la protectrice du Gymnase, et, le 8 septembre 1824, l'habile M. Poirson donnait triomphale-
ment à sa bonbonnière le nom de *Théâtre de Madame*.

L'existence du théâtre assurée, les représentations continuèrent de plus belle. Le 21 octobre

824, Déjazet joua la couturière Joséphine dans
e Bal champêtre, de Scribe et Dupin ; le 1er dé-
:embre, Madeline dans *Monsieur Tardif*, de Scribe
:t Mlesville...

Dans Antonine, du *Plus beau jour de la vie*,
qu'elle créa le 22 février 1825, elle avait un mo-
nent superbe ; c'est quand elle disait, en parlant
le son mari : « Maman, il exige ! » C'était aussi
)eau, dans son genre, dit un biographe, que le
« Qu'en dis-tu ? » de *Manlius*, par Talma. — En-
in, elle joua avec un égal succès dans *Philibert
narié, le Bon papa, une Charge à payer, les
Manteaux, la Belle-Mère, la Haine d'une femme,
l'Ambassadeur, la Nouvelle Clary, les Élèves du
Conservatoire ; la Lune de miel*, et quantité d'autres pièces dont la nomenclature très-exacte serait fastidieuse.

Collégien timide, soubrette délurée, amoureux
séduisant, grisette enrubannée, tous les costumes
allaient à sa taille, comme tous les rôles à son
talent. Le directeur et les auteurs l'avaient en
grande estime, le public la fêtait chaque soir.
Déjazet pouvait donc se croire fixée pour toujours
au Gymnase, quand elle apprit que M. Poirson
venait d'engager Jenny Vertpré. Ce fut un coup
cruel pour Déjazet ; elle comprit qu'elle allait
être reléguée au second rang, et réduite à se con-
tenter des rôles que dédaignerait sa rivale. Ses

appréhensions étaient malheureusement fondées;
les auteurs l'oublièrent et n'écrivirent plus que
pour Jenny; l'ingrat M. Scribe fit *le Mariage de
raison* et donna le beau rôle de Mme Pinchon à
Jenny Vertpré.

A dater de ce moment, Déjazet ne songea plus
qu'à rompre son engagement avec M. Poirson;
elle y parvint en 1827, à la suite d'une nouvelle
injustice du directeur. M. Poirson la laissa partir
à regret.

— En vous perdant, lui dit-il, je perds le plus
honnête homme de ma troupe!

M. Poirson perdit plus encore. Déjazet, en quittant le Gymnase, emporta avec elle la gaieté, le
fou rire, les mots piquants; et le théâtre de Madame ne joua plus que des petits drames bourgeois
parsemés de couplets mélancoliques comme le
chant d'un poitrinaire aux premiers jours d'au-
tomne!

Le règne de la blonde Léontine était venu...

V.

Déjazet ne resta pas longtemps sans engagement. Les portes des Nouveautés s'ouvrirent toutes
grandes pour recevoir la jolie transfuge ; elle débuta, à ce théâtre, par le rôle de Catherine, dans
le Mariage impossible, de MM. Mélesville et Carmouche (5 juin 1828).

La salle des Nouveautés avait été construite, au
commencement de 1827, place de la Bourse, sur
l'emplacement du passage Feydeau. Le ministre de
l'intérieur, M. de Corbière, donna le privilége du
nouveau théâtre à M. Bérard dépouillé, par la
volonté royale, de la direction du Vaudeville.

L'inauguration eut lieu, le 1er mars 1827, par
Quinze et vingt ans ou *les Femmes*, et *le Coureur
de Veuves*, pièce en trois actes, imitée de l'espa-
gnol. On rejoua ensuite beaucoup d'ouvrages an-
ciens, ce qui donna l'idée à de mauvais plaisants
d'effacer une nuit le titre menteur de *Théâtre des
Nouveautés* pour lui substituer celui de *Théâtre
des Vieilleries*.

Six mois après l'ouverture, le théâtre de la place de la Bourse était dans une situation déplorable. Ce fut alors que l'habile M. Bossange vint en aide à M. Bérard en prenant la direction de la scène.

La troupe des Nouveautés laissait beaucoup à désirer ; il fallut engager des artistes en renom pour former la tête de colonne : Potier, Bouffé, Philippe, Lafont, Volnys et Déjazet furent appelés à cet honneur.

Nous avons pris date de l'entrée de Déjazet au théâtre moribond. La gentille fauvette entraîna à sa suite nombre de joyeux auteurs; ses admirateurs du Gymnase accoururent : les Nouveautés furent sauvées.

Le 26 juin 1828, Virginie créa le Dauphin dans *Henri IV en famille*; puis MM. Dartois, Brunswick et Lhéric écrivirent *les Suites d'un mariage de raison* pour fournir à Déjazet l'occasion de jouer ce rôle de Mme Pinchon, qu'elle avait tant désiré et tant regretté. Le 6 mai 1829, elle prouva victorieusement à M. Scribe qu'elle était capable de comprendre et de bien jouer ce ravissant personnage. Bouffé, Potier et Mme Albert secondaient Virginie dans cette pièce qui fut un des plus grands succès du théâtre des Nouveautés.

Mme Albert, que nous venons de nommer, régnait par son talent en souveraine. Déjazet crai-

gnant que cette actrice ne se changeât pour elle
en sixième barricade, chercha un moyen de dé-
fense. Un seul offrait des chances réelles; Virginie, fatiguée de la lutte, l'adopta : M. Bossange
dirigeait le théâtre; elle s'arrangea pour diriger
M. Bossange.

Hâtons-nous de dire qu'elle n'oublia pas les
persécutions qu'elle avait endurées, et que loin
de se placer à son tour comme obstacle sur le
chemin des débutantes, elle donna toujours aux
talents véritables les moyens de paraître au grand
our et de s'épanouir au soleil de la gloire.

Pendant les trois années qu'elle passa chez
M. Bossange, Déjazet joua dans *les Trois Catherine*; dans *Valentine* ; dans *l'Enragée*, *le Marchand de la rue Saint-Denis*, *la Femme*, *le Mari
et l'Amant*, *Jovial en prison*, *André le Chansonnier*, *Jean*, et le *Mari aux neuf femmes*.

Nous ne faisons qu'indiquer ici ces créations
toutes heureuses, pour pouvoir parler longuement
des deux rôles favoris de l'actrice : *le Fils de
l'Homme* et *Bonaparte à l'école de Brienne*.

Sous le règne des Bourbons, la censure avait
impitoyablement défendu la mise au théâtre des
personnages de l'Empire; la Révolution de Juillet
accomplie, on put exploiter cette mine féconde.
Eugène Sue, filleul de l'impératrice Joséphine et
du prince Eugène, écrivit, avec son ami Des-

forges, une comédie intitulée *le Fils de l'Homm*^e, dont le héros était l'infortuné duc de Reichstadt.

Desforges étant devenu secrétaire du maréchal Soult, la comédie bonapartiste fut enterrée dans un carton. Mais un jour qu'il déjeunait avec Volnys. Desforges lut la pièce à son convive. Volnys, fils d'un général de l'Empire, fut enthousiasmé.

— Laissez-moi le manuscrit, dit-il; je veux relire cela.

Desforges laissa le manuscrit.

Six semaines après, un bruit se répandit sourdement dans le monde littéraire. Il se préparait, disait-on, un grand événement au théâtre des Nouveautés; mais tout le monde ignorait quel devait être cet événement. Le bruit vint aux oreilles de Desforges qui eut comme une révélation : Si cet événement mystérieux était la représentation du *Fils de l'Homme*! Il résolut de s'en informer le même soir auprès de M. Bossange.

A huit heures donc, il abordait, dans les coulisses, le directeur des Nouveautés.

— Oh! ne me parlez pas de vos affaires ce soir, mon cher Desforges, lui dit vivement M. Bossange. Vous voyez un homme désespéré! Un maladroit nous fait manquer le spectacle, et nous sommes obligés de donner, au pied levé, une pièce qui était en répétition et qui n'est pas sue!.. Voyons, monsieur le régisseur, Déjazet est-elle prête?

— Oui, monsieur Bossange.

— Eh bien, frappez les trois coups, et faites annonce convenue.

Force fut à Desforges de se ranger comme les autres derrière un châssis. La toile se leva ; le régisseur, en costume de cérémonie, entra en scène, et dit d'une voix émue, après les trois saluts traditionnels :

« Messieurs, un de nos artistes s'étant trouvé indisposé au moment du lever du rideau, nous sommes obligés de vous donner, à la place de la seconde pièce, une comédie nouvelle qui ne devait passer que dans trois ou quatre jours. Nous vous supplions d'accepter l'échange. »

Le public, enchanté de cette bonne fortune inattendue, applaudit chaleureusement le régisseur qui se retira comme il était venu, en saluant humblement la compagnie.

La pièce nouvelle commença presque aussitôt. En ce moment, Déjazet descendait de sa loge avec l'uniforme de colonel autrichien.

— Ah ! mon Dieu, s'écria Desforges en l'arrêtant, que jouez-vous donc là ?

— Ce que je joue ?... Mais je joue *le Fils de l'Homme*... Allons, laissez-moi passer, monsieur l'auteur !

Les bras de Desforges tombèrent, et Déjazet passa.

L'événement dramatique que l'on préparait aux Nouveautés, c'était, en effet, la représentation du *Fils de l'Homme* ; seulement M. Bossange, craignant un interdit ministériel, avait prudemment gardé le silence et joué la pièce à l'improviste.

Le rôle du duc de Reichstadt sortait complétement du genre adopté par Déjazet ; il lui fallait dépenser moins d'esprit, mais beaucoup plus d'âme ; elle fut admirable de tendresse et de diᵉgnité. Toute la salle pleurait, au dénoûment, lorsqu'elle disait d'une voix émue : « Mon pauvre père !... il est donc vrai, tu m'appelais à ton lit de mort, et je n'étais pas là !... »

Le succès, on le devine, fut très-grand ; si grand, que MM. Gabriel, de Villeneuve et Masson, reconnaissant l'opportunité des pièces bonapartistes, écrivirent immédiatement et présentèrent à M. Bossange une comédie en trois actes, intitulée : *Bonaparte à l'école de Brienne*, et dont le rôle principal était destiné à Déjazet.

Le directeur trouva la pièce excellente, mais il se récria sur le choix que les auteurs avaient fait de l'actrice pour jouer Bonaparte. On pouvait craindre, en effet, que le public trouvât peu de ressemblance entre les traits de Déjazet et ceux du jeune héros. Pour rassurer M. Bossange, un des auteurs, M. Gabriel, s'engagea à payer les frais de la pièce, si elle ne réussissait pas. Cette trans-

action, bientôt divulguée, redoubla la curiosité
parisienne ; la foule assiégea littéralement les
portes du théâtre des Nouveautés.

Les auteurs, voulant juger de l'effet du costume
de Déjazet, montèrent à sa loge et trouvèrent auprès d'elle un monsieur simplement vêtu qui ro-
gnait, avec des ciseaux, les bords du tricorne
qu'on venait d'apporter pour l'actrice. Sa beso-
gne terminée, l'inconnu salua et quitta la loge
après avoir posé d'un air de satisfaction le tricorne sur la tête de Virginie.

— Quel est donc ce personnage ? demandèrent
les auteurs à Déjazet.

— C'est le duc de X...

— Bah !... l'ancien général de l'Empire ?

— Oui, et de plus, l'ami d'enfance de Bonaparte. Il était avec lui à Brienne. Vous venez de
le voir faire, à coups de ciseaux, de la vérité historique... Suis-je gentille ainsi ?

— Ravissante !

— Vous croyez toujours au succès ?

— A un succès éclatant, puisque vous jouez le rôle !

A son entrée en scène, Déjazet fut accueillie
par un murmure d'étonnement et d'admiration.
C'était bien le jeune Bonaparte, au regard pro-
fond, au teint pâle, au visage amaigri par l'étude,
tel enfin que nous le représentent les médailles et
les gravures...

L'enthousiasme du public fit tout à coup explosion. A chaque parole que prononçait Déjazet, c'étaient des applaudissements frénétiques. Des généraux et des soldats de l'Empire croyaient à la résurrection du vainqueur d'Arcole et pleuraient à chaudes larmes. Les couronnes et les bouquets tombaient de toutes parts aux pieds de l'actrice. Jamais on ne vit une ovation semblable.

Bonaparte à Brienne a toujours été, nous l'avons dit, la pièce de prédilection de Déjazet. Cela se comprend aisément ; non-seulement le rôle est fort beau, mais il a le bonheur d'être parfaitement en rapport avec les convictions de l'actrice, qui professe un véritable culte pour le martyr de Sainte-Hélène.

Le succès du vaudeville historique grandit encore aux représentations suivantes ; mais les recettes fabuleuses qu'on encaissa ne pouvaient malheureusement combler l'énorme déficit du théâtre de la Bourse. Déjazet, pressentant un désastre, accepta l'engagement que lui proposaient MM. Charles Poirson et Dormeuil, autorisés par M. de Montalivet, alors ministre de l'intérieur, à rouvrir l'ancien théâtre Montansier.

Le théâtre des Nouveautés fut fermé le 13 février 1832, six mois après le départ de Déjazet.

La salle et les dépendances n'avaient pas coûté moins de trois millions quatre cent soixante-sept

nille francs ; le tout fut revendu onze cent nille
rancs.

Au mois de septembre suivant, M. Paul Du-
reck, ancien acteur et sociétaire du théâtre Fey-
leau, prit possession de la salle des Nouveautés
et y rouvrit l'Opéra-Comique qui avait déserté la
place Ventadour.

Six ans après, le Vaudeville de la rue de
Chartres, détruit par un incendie, remplaça l'O-
péra-Comique.

Là où Déjazet, Potier, Bouffé, Lafont, chan-
aient de spirituels et gais refrains, là où
Mmes Damoreau, Casimir et Jenny Colon soupi-
raient les romances de Maupeou et d'Adam,
fleurit aujourd'hui la comédie réaliste !...

VI.

L'histoire du théâtre Montansier est intéressante et curieuse.

Ouverte, pendant l'hiver de 1790, par la célèbre Mlle Montansier ; agrandie de moitié pendant la clôture pascale de 1791 ; servant tour à tour aux exhibitions de comédiens, de tragédiennes et d'équilibristes ; fermée en 1806 par suite des instances de la jalouse Comédie-Française ; devenue café-spectacle assez mal fréquenté, la salle Montansier fut fermée de nouveau, après la seconde Restauration, à la suite d'une équipée ridicule, où des gardes-du-corps, voulant se dédommager de leur retraite précipitée du 20 mars 1814, firent un soir irruption dans la salle et brisèrent courageusement les glaces du foyer.

Cet exploit fut immortalisé par une chanson qui courut tout Paris, malgré la police, et dont nous ne citerons qu'un couplet :

Braves guerriers. l'impartiale histoire
Consignera qu'à vos princes soumis,
Vous fîtes tant pour soutenir la gloire
Et de l'encensoir et des lys,
Que, précédés des Scythes et des Traces,
Nous avons vus leur glaive meurtrier,
Conduit par vous, renverser jusqu'aux glaces
Du café Montansier !

L'établissement fut rouvert quelque temps après par un nommé Valin, qui continua d'y faire représenter des pièces à couplets, mais à trois personnages seulement. Enfin, après la révolution de Juillet, la salle fut reconstruite par l'architecte Grouchy ; MM. Dormeuil et Poirson, directeurs privilégiés, émirent cent vingt actions de trois mille francs chacune, formèrent une troupe à la hâte, et, le 6 juin 1831, le théâtre Montansier rouvrit pour la troisième fois.

La troupe, quoique improvisée, était excellente. On remarquait, en effet, aux côtés de Déjazet, Samson et Régnier, plus tard sociétaires de la Comédie-Française ; Lepeintre aîné, Sainville, Philippe, Dormeuil lui-même, Mmes Baroyer, Elomire, Couturier et Zélie Paul.

Les nouveaux directeurs avaient eu tant d'obstacles à vaincre, tant d'hésitations à combattre, l'incertitude avait été longtemps si grande, que le prologue d'ouverture, de MM. Mélesville,

Bayard et Brazier fut intitulé : *Ils n'ouvriront pas*

Dans cette pièce, Déjazet jouait le rôle de la grisette Herminie, et ce fut elle qui chanta au public le couplet final :

> Les théâtres en commençant
> Ont besoin d'indulgence,
> Un premier pas est si glissant
> Que nous tremblons d'avance...
> Applaudissez au dénoucment
> Pour que cela esmmence gaîment
> Pour que cela commence!

Elle créa, le même soir, le page Frédéric, dans l'*Audience du Prince;* inutile de dire qu'elle remporta tous les suffrages. Elle eut bientôt à porter tout le poids du répertoire; les auteurs ne voulaient écrire que pour elle, car son nom sur l'affiche suffisait pour attirer la foule et assurer le succès d'un ouvrage. Elle joua successivement Catherine, dans *le Philtre champenois* (19 juillet 1831); la Fée et la Danseuse, dans *les Chansons de Béranger* (3 août); Ursule, dans *les Jeunes Bonnes et les Vieux Garcons;* Mariette, Mariana et Mariani, dans *es Deux Novices;* le duc d'Orléans, dans l'*Enfance de Louis XII; Vert-Vert* (15 mars 1832); Charlotte, dans *la Ferme de Bondy* (5 mai); Joséphine, dans *le Dernier Chapitre;* Célestin, dans *le Cadet de famille; les Bouillons, le Sylphe, la Chanteuse et l'Ouvrière, le Petit*

Caporal, *Judith et Holopherne*, et *Sophie Arnould* (11 avril 1833).

Dans un petit acte intitulé : *Sous clef*, elle fit un véritable tour de force, en captivant seule, pendant une heure, l'attention du public, dont elle savait provoquer et maintenir l'hilarité (22 mai 1833). — Dans le *Triolet bleu*, elle fuma pour la première fois un cigare sous les yeux des spectateurs émerveillés (15 mai 1834).

Tant de succès éclatants, de triomphes mérités portèrent jusqu'à l'adoration l'affection du public. Non contents de joncher la scène de fleurs et de couronnes, et d'ébranler la salle de leurs applau-dissements frénétiques, les spectateurs attendaien souvent Déjazet à la sortie du théâtre et suivaien la voiture de l'actrice, accablés de malédictions par les bourgeois que réveillaient leurs bravos et leurs cris enthousiastes !

VII.

Virginie Déjazet professe le plus grand respect pour le public. Elle étudie ses rôles avec l'ardeur d'une débutante, ne néglige rien pour en assurer le succès, et s'est toujours montrée d'une ponctualité exemplaire.

Une fois cependant elle manqua son entrée. C'était à une représentation du *Triolet bleu*. Les spectateurs surpris murmurèrent sourdement. Bientôt aux murmures succédèrent d'effrayantes clameurs : — Elle viendra ! elle ne viendra pas !

L'actrice arriva enfin, le cigare à la bouche, et s'approcha hardiment de la rampe. Les cris et les sifflets redoublèrent. Déjazet, envoyant des bouffées de tabac à droite et à gauche, attendit avec le plus grand sang-froid la fin de cet ouragan. Au bout de dix minutes, le public, fatigué de siffler, fit silence.

— Messieurs, s'écria Déjazet fumant toujours, me sera-t-il permis de me justifier?

— Oui, oui! parlez! expliquez-vous! vociféra

le parterre qui ne demandait pas mieux que de se réconcilier avec son idole.

— Eh bien, messieurs, on a perdu la clef de ma loge. Il a fallu courir chez le serrurier voisin, qui n'était pas chez lui ; on en a cherché un autre ; mais tout cela demandait du temps, la pièce marchait, et décemment je ne pouvais me présenter devant vous qu'entièrement vêtue.

Le parterre applaudit à outrance, et, dans son enthousiasme, endommagea fortement les banquettes du Palais-Royal.

En 1834, quelques auteurs à court de sujets eurent l'idée de mettre en action les chansons de Béranger. L'inspiration était des plus heureuses, la *Frétillon*, de MM. Bayard et Decomberousses, fit gagner plus de trois cent mille francs à M. Dormeuil, et cependant le directeur, craignant une chute, avait gardé cette pièce deux années entières dans ses cartons.

Après *Frétillon*, où Déjazet montra tant d'originalité, de pétulance et de désinvolture, l'infatigable comédienne joua le rôle de Louis XV dans *les Beignets à la cour*, délicieuse comédie de Benjamin Antier (25 mars 1835), puis *la Croix d'or*, *la Périchole*, *la Marquise de Pretintailles Marion Carmélite*, *Madame Favart*...

Pendant la représentation de ce dernier vaudeville, Déjazet reçut la visite du fils de cette ac-

trice qui osa la première jouer, à l'Opéra-Comique,
les rôles de paysannes en jupe de laine, en sabots
et les cheveux sans poudre. Le fils de Mme Favart était vieux et fort pauvre ; Déjazet apprécia
le sens de sa visite. Dès qu'il fut parti, elle écrivit
et envoya les deux couplets suivants :

DÉJAZET-FAVART

A MM. MASSON ET SAINTINE.

Gentil Masson, joyeux Saintine,
Vous dont l'esprit est opulent,
A la vieillesse qui s'incline
Donnez l'obole du talent.
Vous qui m'avez faite quêteuse
Par le prestige de votre art...
Que ma demande soit heureuse :
Donnez au fils de madame Favart !

Quand, par votre plume légère,
Leurs noms sont encor ennoblis,
Que le triomphe de la mère
Soulage les malheurs du fils !
Puis, chaque soir plus courageuse,
Cent fois je bénirai mon art
Qui m'aura faite la quêteuse
Des auteurs de *Madame Favart* !

MM. Masson et Saintine répondirent par une
généreuse offrande.

Le 13 avril 1837, Déjazet créa *la Comtesse du
Tonneau*. Il paraît que M. Dormeuil avait trouvé
pour cette pièce un authentique appartement de
ravaudeuse, une futaille vénérable et très-ample.

Déjazet en examinait l'intérieur d'un air de curiosité inquiète.

— Que cherchez-vous donc? lui demanda le
directeur.

— Je regarde dans ce tonneau si le duc de
Beaufort, le roi des Halles, n'y est pas caché,
répondit la spirituelle actrice.

Après ce rôle de Diogène en jupons, Déjazet fit
courir tout Paris dans *le Café des Comédiens*, dans
Suzanne, *la Maîtresse de langues*, *l'Ile de la Folie*, *Mademoiselle Dangeville*, *les Deux Pigeons*,
Nanon, *Ninon et Maintenon*, et dans *Argentine*.

Pendant les deux mois de congé qu'elle prenait
chaque année, Déjazet allait jouer son répertoire
en province. Le directeur du théâtre de Caen,
l'ayant engagée pour six représentations, s'em-
pressa d'annoncer bruyamment à ses concitoyens
le plaisir qui leur était réservé. Ce manége déplut
au curé; pour empêcher ses ouailles d'aller au
spectacle, il fit le dimanche un terrible sermon
contre l'actrice attendue, affirmant que c'était une
fille de Satan, et qu'elle se montrait sur les plan-
ches dans un état de complète nudité.

Le jour même de l'arrivée de Déjazet, le maire
de Caen, sollicité par quelques douairières effa-
rées, se présenta chez la comédienne et eut avec
elle un entretien des plus plaisants.

Déjazet lui promit, en riant aux larmes, de passer au moins une chemise avant d'entrer en scène. Elle mit naturellement son costume du Palais-Royal ; mais les auditeurs du prône, qui avaient voulu s'assurer par eux-mêmes de la véracité de leur pasteur, se plaignirent à haute voix de la démarche du maire, et trouvèrent qu'on avait exagéré la décence.

Au retour de Déjazet à Paris, on lui donna le principal rôle des *Premières armes de Richelieu*. Pendant les répétitions de cette pièce, la grande artiste fut menacée d'une maladie de larynx.

— Allez toujours, je réponds de vous ! lui dit le docteur Brumnehr qu'elle avait fait appeler avec inquiétude.

Mais le directeur ne partageait pas la confiance du médecin ; on discuta le talent de Déjazet ; on la dit trop vieillie ; il fut même question de lui retirer son rôle pour le confier à une artiste mieux portante.

Ces propos injurieux blessaient cruellement Déjazet.

— Vous verrez, vous verrez, disait-elle à ses amis indignés, le soir de la première, Dormeuil et Bayard seront à mes genoux !

Est-il besoin de dire que cette prédiction se réalisa de la façon la plus complète ? Tout le monde sait que Richelieu est une des plus magnifiques créations de Déjazet. Que d'esprit, d'entrain, de distinction, d'adorable fatuité dans ce rôle que la célèbre actrice a toujours regardé comme le plus beau diamant de son écrin artistique!

— Ce pauvre Dormeuil! dit-elle en frappant sur l'épaule du directeur qui accourait, à la fin de la pièce, lui adresser de chaudes félicitations, le voilà forcé de gagner encore trois ou quatre cent mille francs avec sa vieille actrice!

Dormeuil ne répondit que par des paroles de reconnaissance et des protestations d'inaltérable dévouement. Cependant, lorsque Déjazet — après avoir joué *Indiana et Charlemagne, Mademoiselle Sallé, le vicomte de Létorières, le capitaine Charlotte, les Deux Anes* et *la Marquise de Carabas,* — lorsque Déjazet, qui remplissait depuis treize ans la caisse du Palais-Royal, demanda, pour renouveler son engagement, que son congé fût prolongé de quinze jours, et que ses feux, pour les pièces en quatre et cinq actes, fussent augmentés de vingt francs, Dormeuil, l'oublieux, l'ingrat, le maladroit Dormeuil refusa obstinément.

Le 1er mai 1844, Déjazet fit ses adieux au public du Palais-Royal dans *Carlo et Carlin*, qu'elle avait créé trois mois auparavant.

VIII.

C'était la première fois, depuis 1820, que Mlle Déjazet se trouvait sans engagement. Elle se décida, non sans peine, à quitter Paris pendant une année, pour aller donner des représentations en province; mais avant son départ, elle voulut voir le grand poète dont elle s'était tant de fois inspirée.

Déjazet ne connaissait pas encore Béranger. Elle lui avait écrit une fois seulement, à propos de *la Lisette* qu'elle venait de personnifier : .

« Monsieur,

« Je suis heureuse que M. Bérat m'ait choisie pour me faire l'interprète d'une admiration que sa douce mélodie ferait revivre, si jamais elle pouvait s'éteindre. Son cœur d'artiste m'accorde plus d'éloges que je n'en mérite. Le succès est-il douteux quand on chante Béranger? Plus d'une fois déjà j'ai dû le mien à ce grand nom. Aussi est-ce après l'hommage que le monde entier lui

rend par ma bouche que j'ose, moi pauvre rien,
lui offrir celui de ma sincère reconnaissance. »

Et Béranger lui avait répondu :

« Non, mademoiselle, vous ne me devez rien ;
c'est au contraire moi qui suis votre obligé. Avec
des auteurs distingués, à qui je dois des actions
de grâce, vous avez travaillé à ressusciter quel-
ques-unes de mes filles chéries, et votre rare
talent, adoré du public, a réveillé bien des fois
le souvenir du nom de leur père, dans un pays
où les noms sont bien vite oubliés. Vous avez été
un habile commentateur de mes fugitives produc-
tions. Pouvais-je, mademoiselle, en avoir un plus
aimable et plus intelligent ? — Les commentaires
sont bien souvent au-dessous du texte ; le mien
s'est enrichi de tout l'esprit qu'on vous reconnaît,
et bien des écrivains ont pu me porter envie.

« Si je n'avais eu le tort si ridicule de venir au
monde trente ans avant vous, mademoiselle, il
me semble que vous eussiez été ma première fée ;
mais, M. Vanderburch aidant, vous avez été bien
véritablement la seconde. Aujourd'hui qu'à la
prière de M. Bérat, votre art enchanteur vient
encore rajeunir le cœur d'un vieillard, permettez
que, du fond de sa retraite, il vous offre ses hom-
mages et ses remerciements... »
Déjazet lut et relut cette lettre charmante. Le

lendemain elle pria M. Benjamin Antier, le plus intime ami du chansonnier, de la présenter à son poète bien-aimé.

Béranger demeurait alors chez Mme Béga, rue Vineuse, à Passy. L'obligeant écrivain y conduisit Déjazet tremblante d'émotion.

M. Génin, chef au ministère de l'instruction publique était près de Béranger. Le grand homme accueillit la comédienne avec une affabilité touchante. Il la remercia d'avoir bien voulu consacrer une de ses heures à visiter un vieillard ; il s'excusa de n'avoir pas assisté à ses représentations ; son grand âge, sa retraite éloignée lui interdisaient ce plaisir...

— Je suis arrivé, dit-il, aux jours où chaque heure impose une nouvelle privation ; et celle de ne pouvoir vous entendre, madame, est certainement une des plus pénibles pour moi.

— Vraiment, s'écria Déjazet, vous auriez du plaisir à m'entendre ?

— Pouvez-vous en douter ?

— Eh bien ! voulez-vous que je vous chante votre *Lisette*, ici, pour vous seul, sans autre accompagnement que les battements de mon cœur qui n'a jamais battu si fort qu'à cette heure bénie où je puis enfin voir, admirer, entendre Béranger ?...

Et sans attendre la réponse du vieillard, elle

jeta au loin, dans un élan d'enthousiasme, son chapeau qui l'embarrassait, s'agenouilla devant le poète, prit ses mains dans ses mains tremblantes, et se mit à chanter, avec toute son âme, la romance si populaire :

Enfants, c'est moi qui suis Lisette...

— Jamais, nous disait un jour l'heureux témoin de cette scène attendrissante, jamais Déjazet ne chanta avec plus de naturel, de pureté, de sensibilité à la fois touchante et fringante...

La voix si douce de l'actrice émut vivement Béranger. Il embrassa tendrement Déjazet-Lisette; puis, son caractère caustique reprenant bientôt le dessus, il dit à la comédienne, en essuyant ses yeux et en lui montrant MM. Antier et Génin qui pleuraient à chaudes larmes :

— Vous le voyez, ma chère, je suis aussi bête que ces messieurs !

Pour que le temps n'altérât point le souvenir de cette entrevue, dit un écrivain qui nous a fourni de nombreux détails, — Eugène Pierron, — Déjazet a commandé à Eugène Forest une aquarelle sur ce sujet. La scène est rendue avec toute l'exactitude et tout le talent désirables. Sur le premier plan, Béranger est assis dans un grand fauteuil recouvert d'une housse de perse, et l'actrice est à ses genoux.

IX.

Quelques jours après son entrevue avec Béranger, Déjazet partit pour la province. Elle visita Lyon, Bordeaux, Orléans, Lille, Nantes, puis elle alla à Bruxelles, et passa même la Manche pour guérir du spleen l'aristocratie de Londres. Partout elle fut accueillie avec ivresse.

M. Nestor Roqueplan, le critique influent du *Constitutionnel*, dirigeait alors le théâtre des Variétés. Il venait, en payant un dédit fabuleux, de s'attacher l'illustre Bouffé, la poule aux œufs d'or du Gymnase; il voulut avoir Déjazet. Il lui fit donc proposer un engagement de cinq années. Déjazet signa ce traité dont les conditions étaient magnifiques, et, le 24 février 1845, fit, aux Variétés, une rentrée des plus heureuses dans *les Premières armes de Richelieu*.

Vint ensuite la reprise de *Mademoiselle Dangeville* (30 mars), puis Déjazet créa Mme de Villani dans *Un conte de Fée* (29 avril); Gothe dans

la Gardeuse de dindons (14 juin), et *Gentil-Ber-*
nard (16 mars 1846).

Au printemps de la même année, elle alla donner des représentations à Saint-Quentin.

On s'entretenait beaucoup dans cette ville de
la captivité du prince Louis Bonaparte, à qui le
gouvernement de Louis-Philippe venait de refuser
l'autorisation d'aller à Florence embrasser son
père mourant.

Déjazet, nous l'avons dit, est enthousiaste de
tout ce qui se rattache au héros qu'elle a vu naître
à la gloire et s'éteindre dans l'exil. Emportée par
sa bonté d'âme et la force de ses convictions, elle
quitta brusquement Saint-Quentin, et partit pour
Ham, dans la ferme intention de voir le prisonnier.

Mais elle avait compté sans la surveillance ri-
goureuse exercée autour du prince.

Qu'on nous permette de céder la parole à Déjazet elle-même. La lettre suivante, adressée à
Mme Louise Collet, donnera plus exactement
qu'un récit les détails de cette intéressante histoire :

« Je crois vous avoir dit déjà, ma chère Louise,
que, vivement impressionnée par le récit du trai-
tement injuste et inhumain qu'endurait le prince
Louis, je voulus visiter la demeure de l'illustre
captif. Un vieil ami à moi, M. Lera, alors commis-
saire central à Ham, et qui, depuis tant d'événe-

ments, se trouve, lui et sa famille, dans une position bien peu d'accord avec son caractère et ses besoins, m'en donna complaisamment la possibilité. C'est grâce à son heureuse rencontre que je fus conduite à la citadelle qui renfermait le prisonnier.

« Je visitai tout, rien ne passa indifféremment sous mes yeux. Je m'arrêtai avec intérêt devant le petit jardin planté par lui, et dont les fleurs semblaient dire : Nous aussi nous sommes prisonnières, l'air et la terre nons manquent. Plus loin, je fis un long soupir en mesurant le court espace qu'on lui accordait pour sa promenade à cheval...

« Enfin, ma pauvre amie, je m'apprêtais à partir avec mes tristes pensées, lorsque mon obligeant conducteur me fit remarquer le prince Louis qui, d'une fenêtre assez éloignée, nous faisait avec son mouchoir plusieurs signes d'adieu. Je ne pus distinguer ses traits, mais je fus sincèrement touchée de cet acte de politesse, et je cherchais les moyens de le lui faire comprendre, lorsque ma main rencontra sur ma poitrine une petite médaille d'or que je tenais d'une amie qui, à Lyon, l'avait fait bénir et présenter à Notre-Dame de Fourvières, en demandant à la madone la grâce de faire de cette médaille un *porte-bonheur*.

« . . . . . . Ce *porte-bonheur*, me disais-je, à qui peut-il être plus nécessaire qu'à celui qu

semble me dire à travers les barreaux : Vous
marchez vers la liberté, que vous êtes heureuse !...
Je le détachai donc d'un mouvement spontané, et
le confiai au valet de chambre du prince, qui pas-
sait près de nous en ce moment. Il me promit de
le remettre à Son Altesse, de ne rien oublier, pas
même mon nom, et je quittai cette triste demeure
en saluant une dernière fois du geste et de mes
vœux Louis Bonaparte.

« . . . . . Quelque temps après il s'était éva-
dé ! .. J'appris que mon pauvre ami Lera, sus-
pecté, victime de cet événement, avait perdu sa
place et quitté Ham pour aller je ne sais où !...
Tout le monde ne pouvait pas être heureux, le
porte-bonheur n'appartenait qu'à un seul.

« Le prince vint à Londres, j'y étais alors. Ju-
gez de ma joie lorsqu'un jour on m'annonça
S. A. I. en personne ; elle n'avait rien oublié, ni
ma médaille ni mon nom.

« Le prince Louis me remercia de la meilleure
grâce du monde, en me montrant ma petite reli-
que, fixée à jamais, me dit-il, à la chaîne de sa
montre..... »

X

Les rôles que Déjazet créa aux Variétés, après Gentil-Bernard, sont Mme Caillette dans *le Moulin à paroles*, *le Marquis de Lauzun*, Jacques dans *l'Enfant de l'Amour* (20 mars 1847), Léon dans *Mademoiselle de Choisy* (3 avril 1848), *Lully*, et Thérésa Baletti dans *Colombine* (12 mars 1850).

M. Milon-Thibaudeau, ayant succédé à M. Roqueplan, ne put s'entendre avec Déjazet. Elle quitta les Variétés en juin 1850, et repartit en province.

M. Paul-Ernest, nommé directeur du Vaudeville, courut après elle, la rejoignit à Rouen et l'engagea. Elle reparut donc au théâtre de la Bourse dans *le Vicomte de Létorières* (16 octobre 1850); elle créa ensuite *la Douairière de Brionne* (5 novembre); mais la faillite du directeur interrompit brusquement les succès de Déjazet. Nouveau voyage en province. Le Vaudeville rouvre sous la direction de M. Lecourt, et Déjazet est réengagée à de fort beaux appointements.

Le 1ᵉʳ octobre 1851, jour de la réouverture, elle créa *Ouistiti*, pièce où quelques bonnes gens, sur la foi du titre, s'attendaient à lui voir jouer un rôle de singe, ce qui, en effet, eût été curieux et original. Elle se contenta d'y endosser un élégant costume indien.

En novembre de la même année elle reprend *le Marquis de Lauzun* et joue *Quand on va cueillir la noisette*; enfin le 8 janvier 1852, elle établit le rôle principal des *Rêves de Mathéus* où elle chantait délicieusement de jolis airs avec sa voix mielleuse et perlée.

L'engagement de Déjazet fut alors renouvelé pour deux ans, et le spirituel M. Léon Gozlan écrivit pour elle *les Paniers de la comtesse*, qu'elle créa le 27 novembre 1852.

A cette époque, le Vaudeville représenta *la Dame aux Camélias*, de M. Dumas fils. Cette comédie-drame produisit des recettes fabuleuses ; M. Lecourt croyant à l'éternité de ce succès, se mit à taquiner Déjazet et prétendit la forcer à jouer des rôles imperceptibles. L'actrice demanda et obtint la résiliation de son engagement.

Le 22 novembre 1853, elle reparut aux Variétés dans *les Trois Gamins*, de Vanderburch et Clairville; puis elle partit avec un des auteurs pour

Dijon, Nice, Marseille, Lyon, méritant et recevant partout des couronnes.

En 1855, Déjazet créa *le Sergent Frédéric* au théâtre de la Gaîté, où elle donna cent représentations très-fructueuses.

Le 16 octobre de la même année, elle joua son rôle de Richelieu au palais de Saint-Cloud.

Enfin, de 1855 à 1859, elle fit plusieurs apparitions au Palais-Royal où elle reprit quelques-uns de ses meilleurs rôles, et aux Variétés où elle créa Roger Bontemps dans *les Chants de Béranger*, et *le Capitaine Chérubin*, dans la pièce de ce nom.

XI.

En novembre 1859, la petite scène des Folies-Nouvelles, au boulevard du Temple, rouvrit sous le nom de *Théâtre Déjazet*, et sous la direction du fils de notre célèbre actrice.

Les Folies-Nouvelles, construites dans l'ancien jeu de paume du comte d'Artois, s'étaient d'abord appelées les *Folies-Concertantes*. Elles continuaient le théâtre de la Foire, moins la gravelure et l'effronterie. Paul Legrand y jouait des pantomimes et des arlequinades fort originales ; Joseph Kelm y chantait des scènes dialoguées, et de toutes jeunes filles, fraîches et jolies comme le printemps, y exécutaient des danses de caractère. C'était le théâtre à la mode ; de véritables grandes dames ne rougissaient pas d'aller chercher là une de ces rares soirées de gaîté franche que l'on est toujours si heureux de rencontrer.

Le nouveau directeur laissa de côté panto-mimes, arlequinades et chansonnettes, pour con-sacrer exclusivement son théâtre au vaudeville, à l'opérette, et à ce genre de comédie chantée qui tient le milieu entre le vaudeville et l'opéra-comique, et dans lequel Mlle Déjazet n'a pas de rivale.

La pièce d'inauguration, intitulée *les Premières armes de Figaro*, avait pour auteurs MM. Vanderburch et Victorien Sardou. Pour Sardou, alors uniquement connu comme spirite, la soirée était décisive. Déjazet, préoccupée de son protégé plutôt que d'elle-même, avait si peur de ne pas savoir son rôle, que le jeune auteur, pour la rassurer, souffla lui-même sa pièce. On sait que l'accueil fait au vaudeville et à la principale interprète fut des plus flatteurs et des plus significatifs.

L'année suivante, Déjazet reprit *les Premières armes de Richelieu*, joua deux rôles dans *P'tit fi ! p'tit mignon !* de MM. Gabriel et Dupeuty (17 février), et créa *Monsieur Garat*, de Victorien Sardou (31 mai). Quel charmant costume, quelle pureté de gestes, quelle distinction de manières, quel gaspillage d'esprit, quelle profusion de mots piquants et de ravissants couplets ! Avec *Monsieur Garat*, la réputation théâtrale de Sardou fut faite.

En 1861, Déjazet joua *les Trois Gamins*, vaudeville où, par parenthèse, son fils Eugène avait ntercalé une *Ronde du Mardi-Gras* qui devint la

fortune de toutes les représentations à bénéfice ;
puis le mousse *Grain-de-Sable*, de M. Paulin
Deslandes, et *les Chants de Béranger*. En 1862,
elle chanta plusieurs fois *la Lisette*, reprit *la
Douairière de Brionne*, et établit le rôle de Conti,
dans *les Prés Saint-Gervais* (24 avril).

Sardou, joué au Gymnase, au Vaudeville et au
Théâtre-Français, n'avait pas oublié celle qui
l'avait créé. Avec Déjazet, d'ailleurs, la reconnaissance est une vertu facile à pratiquer. *Les
Prés Saint-Gervais* sont un véritable chef-d'œuvre
d'esprit, de fraîcheur et de délicatesse. Dire le
succès que Déjazet y obtint nous semble impossible. Elle dut chanter plusieurs fois cette chanson
de *la Belle Bourbonnaise*, dont elle avait fait un
miracle ; les bouquets et les couronnes jonchaient
littéralement la scène, et la grande comédienne,
heureuse et fière de ces témoignages d'admiration
et de sympathie, sautait comme une enfant au
milieu du théâtre ! A la chute du rideau, alors
que toute la salle la redemandait, elle arriva
tenant Sardou par la main, et l'embrassa tendrement, au bruit de mille bravos.

Depuis *les Prés Saint-Gervais*, Déjazet a rejoué
Gentil-Bernard, le deuxième acte du *Mariage de
Figaro*, et créé Mercure dans *l'Argent et l'A-
mour*, Hector de Bassompierre, dans *le Dégel*
(1864), *Lantara*, dans le vaudeville de ce nom

(15 mars 1865), et *Monsieur de Belle-Isle* (25 octobre).

La dernière de ces pièces méritait seule l'honneur d'être interprétée par Déjazet. L'intrigue
cependant en est simple, les *mots* et les couplets
sont mesurés avec parcimonie; mais sur le peu
de motifs fournis par l'auteur, Eugène Déjazet a
écrit une musique tour à tour vive et tendre,
rêveuse et gaie, que sa mère chante admirable-
ment, avec cette voix de cristal aussi claire, aussi
pure qu'à vingt ans.

C'est une magie que ce chant si parisien, si
spirituellement divin! En l'écoutant on rêve, on
espère, on sourit à la vie, et l'on bénit la femme
qui est, dans notre siècle, la représentation vi-
vante de cette comédie mordante parfois, légère
souvent, aristocratique toujours, que nos pères
ont tant aimée.

Et avec cela vive, légère et sémillante : éternel
printemps !

— « Elle est un problème ! — dirons-nous avec
Jules Janin, notre excellent maître, — un problème surtout pour les visages d'hier, étonnés
d'avoir des cheveux blancs, quand leur aïeule a
la tête de la corneille, le regard de la colombe,
et jasant comme une pie, et chantant comme un
rouge-gorge, mêlé de moineau et de rossignol!...»

XII.

Nous venons de suivre, à marches forcées, la carrière théâtrale de Mlle Déjazet ; il nous reste à peindre la femme. La tâche est agréable et facile ; dans la vie privée comme dans la vie publique de notre héroïne, tout est beau, honorable, grand.

Elle possède toutes les vertus de l'âme : la noblesse, la franchise, le désintéressement et l'inépuisable bonté.

La décence de son maintien, la distinction de ses manières, la finesse de son esprit, la font aimer et respecter de toutes les personnes admises dans son intimité.

On écrirait des volumes avec ses bons mots et le quart de ses actes de bienfaisance.

A l'époque où Déjazet créa *Vert-Vert*, — rôle qui, soit dit en passant, donna le titre à un journal-programme encore existant, — un ami de l'actrice fit paraître un « Recueil authentique des bons mots, réparties et saillies de Déjazet, » recueil aujourd'hui fort rare, et que rééditera sans

doute quelque amateur de succès facile, mais qui
contient peu de renseignements dignes de figu-
rer dans un travail sérieusement conçu.

Un libraire engageait un jour Mlle Déjazet à
publier ses *Mémoires* :

— Ce serait notre fortune à tous deux, disait-il.
Déjazet refusa.

— Mais encore, pour quel motif? demandait
sans cesse l'industriel ; est-ce le travail qui vous
effraie ? j'écrirai pour vous.

— Monsieur, répliqua l'actrice, lasse de l'im-
portun, à tort ou à raison on m'a fait une répu-
ation d'esprit, vous ne voudriez pas me la faire
perdre.

A une demande plus sérieuse et beaucoup plus
récente, elle répondit :

« Il y aurait folie à vouloir publier une histoire
qui, d'après ce qu'on dit et ce qu'on croit, ne
pourrait espérer la vogue que dans .es récits plus
ou moins scandaleux que le public compterait y
trouver. Ma vie est beaucoup plus simple qu'on
ne le suppose ; l'écrire avec franchise n'offrirait
donc rien de bien curieux, car je n'ai ni assez de
vices pour piquer la curiosité, ni assez de vertus
pour prétendre à l'admiration... »

A d'autres la honte d'écrire, à grand renfort
d'imagination, des scènes d'orgie heureusement
controuvées. Combien de gens, hélas ! parce qu'ils

ont vu Déjazet fumer, boire, danser, se battre sur la scène, croient le caractère de la femme en analogie avec ses rôles ! Et combien cette erreur a valu à la comédienne d'indécentes apostrophes ou de grossières injures ! Il est vrai que son esprit l'en venge bien mieux que la colère.

Un de ses voisins était venu la prier de participer à une quête au profit d'un vieil artiste. La femme du visiteur, attaquée d'un accès de jalousie, avait suivi son mari. A peine était-il sorti qu'elle entra furieuse chez Mlle Déjazet, et l'accabla de reproches. L'actrice la crut folle, et se prit à rire. La dame jeta une pièce de cinq francs sur la table en s'écriant avec rage : « Voilà le prix que l'on donne à une prostituée ! ! ! »

— Vous me l'apprenez, répliqua Déjazet.

— Mon mari ne sort-il pas d'ici ?

— Oui, et je vous engage à doubler la somme, car il doit revenir ce soir !...

Le voisin vint en effet chercher le montant d'une collecte que Mlle Déjazet avait faite parmi ses camarades, et à laquelle elle joignit sans mot dire les cinq francs de la femme jalouse...

Tant que sa mère a vécu, Déjazet ne l'a jamais quittée. Elles ont habité pendant plusieurs années la même maison rue Montpensier, 20, et la bonne dame est morte à un âge très-avancé, en bénissant

4.

Virginie dont l'affectueux dévouement ne s'était jamais démenti.

Quelques jours après son décès, Déjazet alla demeurer passage Saulnier, 7, dans un logement où elle a reçu toutes les célébrités de ce siècle, et qu'elle vient de quitter non sans peine pour être plus près de son théâtre.

Mlle Déjazet est sans fortune. Généreuse jusqu'à l'excès, elle n'a jamais rien possédé en propre ; les sommes énormes qu'elle a gagnées ont été dispersées en bienfaits et en aumônes.

Sa mère lui reprochait un jour de trop donner aux pauvres :

— Tu me disais que je ne savais pas placer mon argent ! dit-elle avec un sourire.

Que répondre à ce mot adorable !

Jamais elle n'a refusé de jouer pour les pauvres et de mettre sa bourse et son talent au service des infortunes si nombreuses au théâtre. Et quelle spontanéité, quelle délicatesse dans le bienfait !

Traversant la ville de Saumur, elle apprend qu'une actrice vient de se fouler le pied le jour même d'une représentation à son bénéfice. Elle court au théâtre, s'offre pour remplacer la malade, abandonne une recette de trois mille francs et repart sans attendre les remerciements de la bénéficiaire.

Un musicien du théâtre d'Orléans tombe à la

conscription. La loi exempte le fils aîné de veuve, mais elle ne fait rien pour le soutien d'un vieux père et d'une vieille mère, et le jeune artiste était dans ce dernier cas. En cette triste occurrence, il eut recours à Déjazet, et l'aide de la grande artiste ne lui fit pas défaut : elle partit immédiatement pour Orléans, et joua deux de ses meilleurs rôles. Inutile de dire que la recette suffit amplement à l'exonération du musicien.

Elle reçut un jour la visite d'une domestique qui avait été à son service trois ans auparavant :

— Ah ! madame, dit la pauvre fille, j'ai bien perdu en vous quittant, car enfin j'avais vingt francs par mois et...

— Mais tu les as toujours, interrompit l'actrice, et voilà bien longtemps que je ne t'ai payé tes gages ! Et elle lui remit une somme assez forte que la servante accepta en versant des larmes de reconnaissance.

Il y a d'elle mille traits de ce genre.

A l'époque où Déjazet assurait par des triomphes non interrompus la prospérité du Palais-Royal, une jeune fille qu'on avait vue d'abord au théâtre de la rue Saint-Jacques, puis au Théâtre-Molière et enfin au Gymnase, frappait modestement à la porte de la Comédie-Française. La débutante était juive, fort pauvre et peu jolie : elle avait nom Rachel Félix. Tout le monde la repoussait ; Mlle Mars et Déjazet devinèrent seules le brillant avenir de la tragédienne. L'actrice du Palais-Royal mit en œuvre, non-seulement son influence personnelle, mais encore celle de ses amis, pour aplanir les obstacles qui se dressaient sur le chemin de Rachel. Peu de jours après son admission au Théâtre-Français, la juive lui écrivit pour la remercier de ses bons offices ; en tête de la lettre, on lisait ces mots :

A la MEILLEUR *des femmes.*

La tragédienne ne connaissait pas encore sa syntaxe, mais elle se conformait aux lois de la reconnaissance, vertu pour la pratique de laquelle l'orthographe n'est nullement indispensable.

Déjazet ne rencontre pas toujours la même gratitude chez les gens qu'elle oblige, mais que lui importe ! ne trouve-t-elle pas en elle-même sa plus douce récompense ?

Virginie Déjazet crée à Paris deux pièces par année. Dans l'intervalle de ces représentations toujours très suivies, elle parcourt la province, recueillant sur son passage les témoignages de la plus sincère admiration, de la sympathie la plus vive.

Nous ne lui connaissons ni ennemis ni critiques.

Souriante, gracieuse et pimpante, elle est constamment sur la brèche, moissonnant bravos et couronnes.

Elle lutte aujourd'hui, de toutes les forces de sa vaillante nature, contre le stupide engouement du public pour les complaintes vulgaires débitées par une impudente fille des rues.

Puisse Déjazet, ressuscitant chez nous le culte de l'esprit et du bon goût, ajouter nombre de titres charmants à la longue liste des rôles qui l'ont posée comme créatrice d'un genre éminemment français, et dans lequel elle n'aura jamais que de pâles imitatrices!

FIN.

Paris. — Typ. Gaittet, rue du Jardinet, 1.